CONTENTS

ISBN 978-1-4234-5393-2

7777 W. BLUEMOUND RD. P.O. BOX 13819 MILWAUKEE, WI 53213

In Australia Contact:
Hal Leonard Australia Pty. Ltd.
4 Lentara Court
Cheltenham, Victoria, 3192 Australia
Email: ausadmin@halleonard.com.au

Visit Hal Leonard Online at
www.halleonard.com

Big, Blonde and Beautiful

Music by Marc Shaiman
Lyrics by Marc Shaiman and Scott Wittman

Verse
Bluesy Shuffle

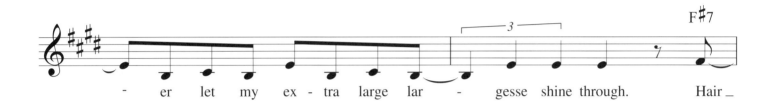

Once __ up-on a time, girl, I was __ just like you. Nev-

-er let my ex-tra large lar - gesse shine through. Hair __

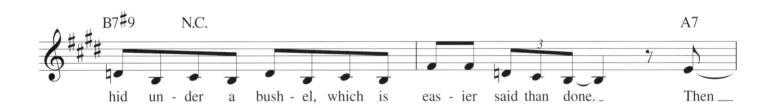

__ was brown and nap-py, nev-er __ had no fun. __ I

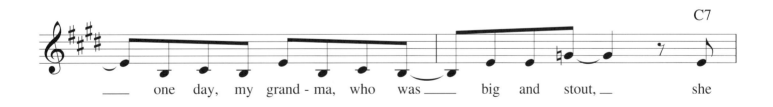

hid un-der a bush-el, which is eas-ier said than done. _ Then __

__ one day, my grand-ma, who was __ big and stout, __ she

said, "You got-ta love your-self from in - side out." And just as

soon as I learned how to strut my _____ funk - y stuff, _____ I

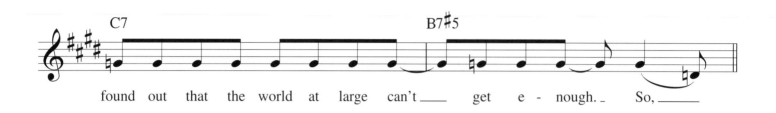

C7   B7#5

found out that the world at large can't _____ get e - nough. _ So, _____

Pre-Chorus

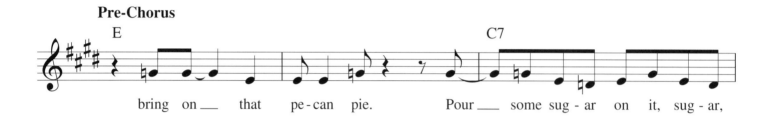

E   C7

bring on _____ that pe - can pie. Pour _____ some sug - ar on it, sug - ar,

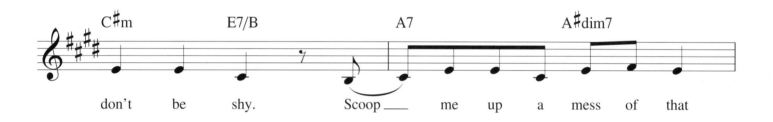

C#m   E7/B   A7   A#dim7

don't be shy. Scoop _____ me up a mess of that

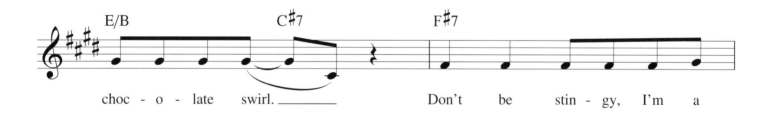

E/B   C#7   F#7

choc - o - late swirl. _____ Don't be stin - gy, I'm a

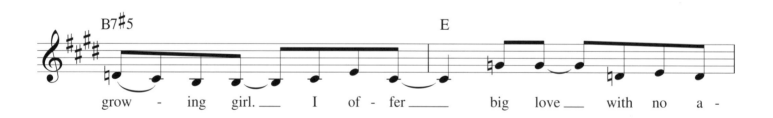

B7#5   E

grow - ing girl. _____ I of - fer _____ big love _____ with no a -

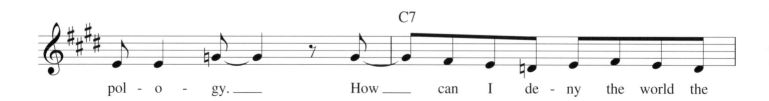

C7

pol - o - gy. _____ How _____ can I de - ny the world the

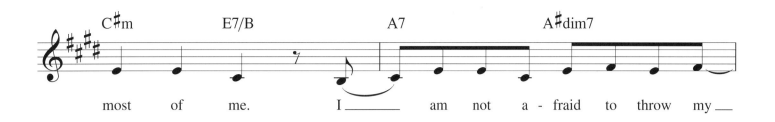

most of me. I ____ am not a - fraid to throw my ____

____ weight a - round, _____ pound ___ by pound by pound. ___

Chorus

____ Be - cause I'm ____ big, blonde ___ and beau - ti - ful. ___ There ___

____ is noth - in' 'bout me that's un - suit - a - ble. ____ No ___

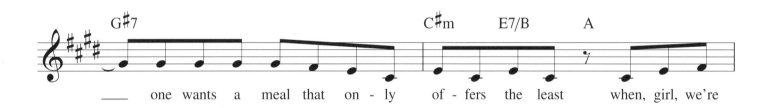

____ one wants a meal that on - ly of - fers the least when, girl, we're

serv - in' up the whole damn feast.

Pre-Chorus

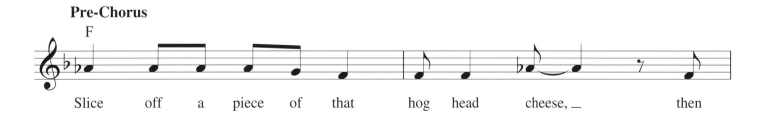

Slice off a piece of that hog head cheese, ___ then

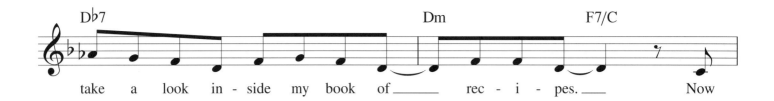

take a look in - side my book of ___ rec - i - pes. ___ Now

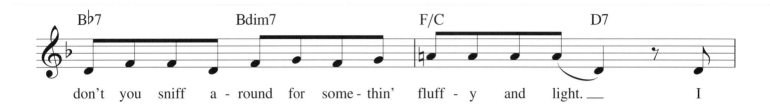

don't you sniff a - round for some - thin' fluff - y and light. __ I

need a man who brings a man - size ap - pe - tite. I'll use a

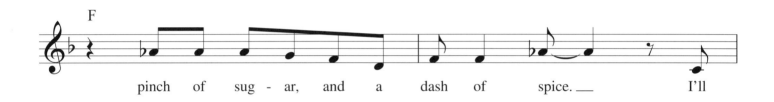

pinch of sug - ar, and a dash of spice. __ I'll

let you lick the spoon be - cause it tastes so nice. I'll

keep it in my ov - en, 'til it's good and hot. __ Keep on

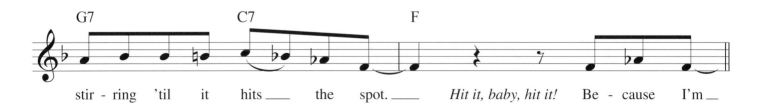

stir - ring 'til it hits __ the spot. __ *Hit it, baby, hit it!* Be - cause I'm __

Chorus

B♭   F

_____ big, blonde _____ and beau - ti - ful, _____ and,

B♭   *3*   F

Ed - na, girl, _____ you're look - in' so re - cruit - a - ble. _____ Why _____

A7   Dm   *3*   F7/C   B♭   *3*

_____ sit in the bleach - ers, tim - id and a - fraid, _____ when, Ed - na, you _

G7   B♭/C

_____ can be your own pa - rade? _____

Pre-Chorus

C♭/D♭   G♭

Look out, _____ old

                                     D7

Bal - ti - more. _____ We're march - in' in, and we ain't shuf - flin' through that

E♭m   G♭7/D♭   C♭7   Cdim7   G♭/D♭   E♭7   A♭7

old back door.

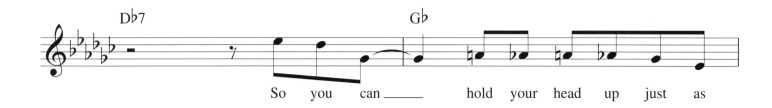

So you can _____ hold your head up just as

big as you please. _ You know they'll hear me knock-in' with the

two of these. To - mor - row, side by side, we'll show the

world what's right. _ *Touch it, girl!* Then we'll be __

Chorus

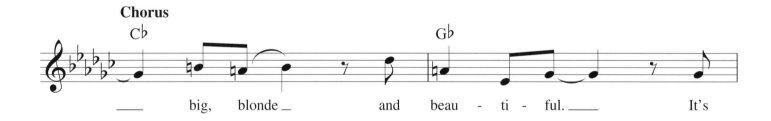

____ big, blonde _ and beau - ti - ful. ____ It's

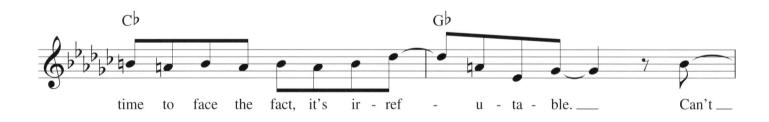

time to face the fact, it's ir - ref - u - ta - ble. ____ Can't

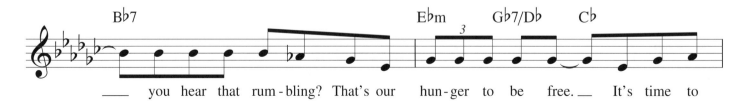

____ you hear that rum - bling? That's our hun - ger to be free. _ It's time to

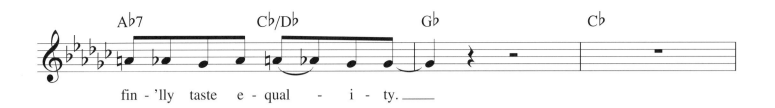

fin - 'lly taste e - qual - i - ty.

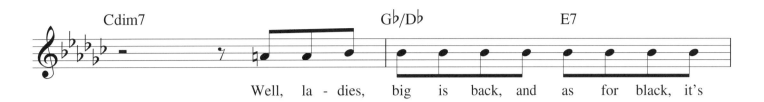

Well, la - dies, big is back, and as for black, it's

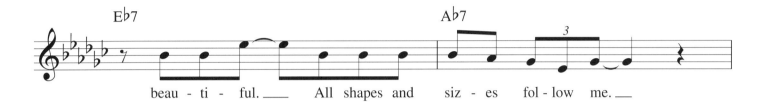

beau - ti - ful. All shapes and siz - es fol - low me.

We're gon - na dance our way to vic - to - ry.

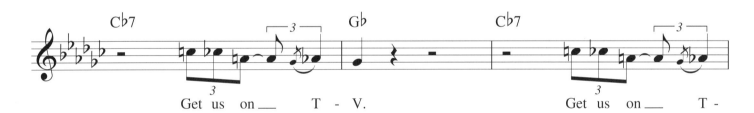

Get us on T - V. Get us on T -

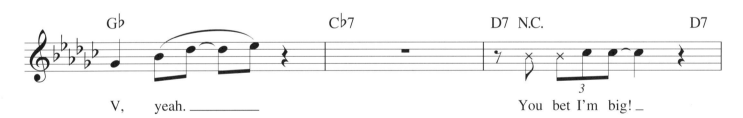

V, yeah. You bet I'm big!

Big, blonde and beau - ti - ful leads the way.

Yeah, yeah, yeah, yeah. *Vocal ad lib.*

Cooties

Music by Marc Shaiman
Lyrics by Marc Shaiman and Scott Wittman

Intro
Medium 60's Dance tempo

Tracy Turnblad, this is for you.

Verse

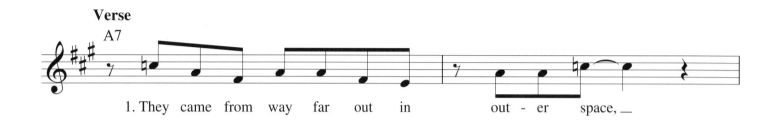

1. They came from way far out in out - er space, —

and with her help, they may de - stroy the hu - man race. She's got

Chorus

coot - ies! They've found a place to nest.

If I were her, I'd be de - pressed.

Long - tailed, sharp - nailed, fuz - zy legs, lay - in' eggs.

Eww! Get 'em away from me! Get 'em away from me! Eww!

Verse

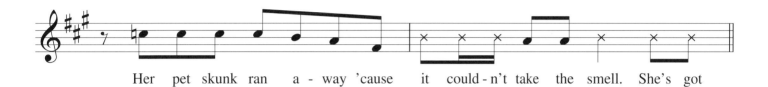

2. In sci - ence class, she's like a walk - ing show - and - tell.

Her pet skunk ran a - way 'cause it could - n't take the smell. She's got

Chorus

coot - ies. No - bod - y wants to sit by her.

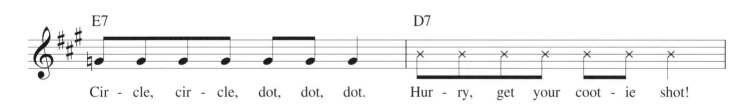

Don't need a coat, 'cause she's got fur!

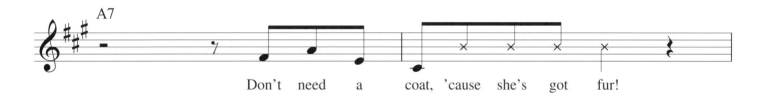

Cir - cle, cir - cle, dot, dot, dot. Hur - ry, get your coot - ie shot!

C'mon, everybody, let's stamp 'em out!

Chorus

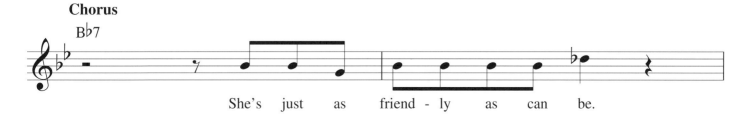

She's just as friend - ly as can be.

She shows them coot-ie hos-pi-tal-i-ty.

Eb7

She's like a liv-ing Twi-light Zone.

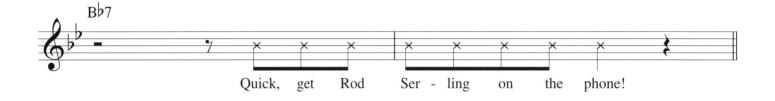

Bb7

Quick, get Rod Ser-ling on the phone!

Outro

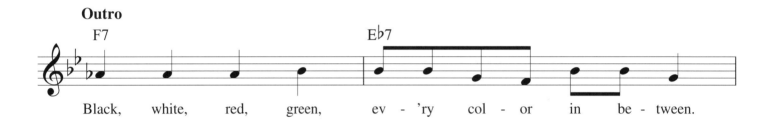

F7   Eb7

Black, white, red, green, ev-'ry col-or in be-tween.

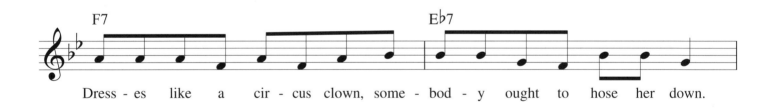

F7   Eb7

Dress-es like a cir-cus clown, some-bod-y ought to hose her down.

F7   Eb7

Grew up in a coot-ie zoo, I bet her two-ton ma-ma's got 'em

Bb7   N.C.   Bb

too. _____ And that's for you.

I Can Hear the Bells

Music by Marc Shaiman
Lyrics by Marc Shaiman and Scott Wittman

Intro
Freely

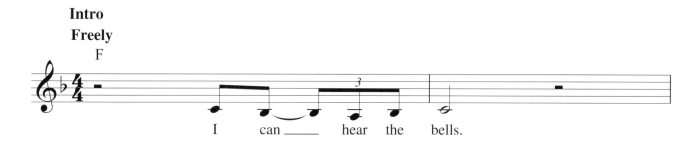

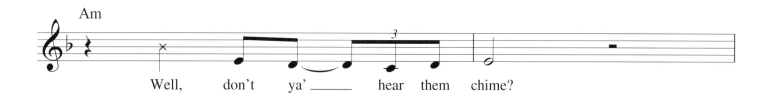

I can _____ hear the bells.

Well, don't ya' _____ hear them chime?

Can't you feel my heart - beat keep - ing per - fect time? 1. And

Verse
Moderately

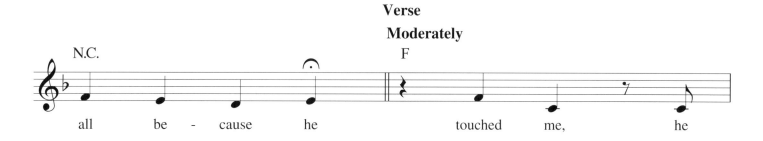

all be - cause he touched me, he

looked at me and stared. Yes, he bumped me, my

heart was un - pre - pared _____ when he tapped me and

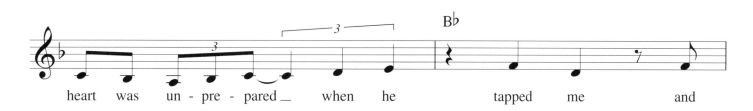

Chorus

14

who looks like me can't win his love. Well, just

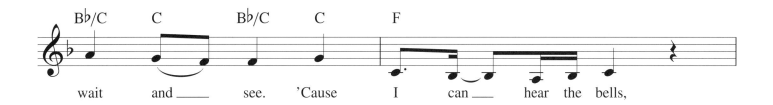

wait and ___ see. 'Cause I can ___ hear the bells,

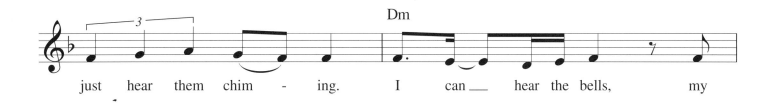

just hear them chim - ing. I can ___ hear the bells, my

temp - 'ra - ture's climb - ing. I can't con - tain my joy, 'cause I fin -

- 'lly found the boy ___ I've been miss - ing.

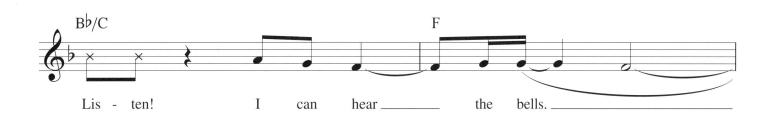

Lis - ten! I can hear _____ the bells. _____

Verse

2. Round one, he'll ask me on a date. And then,

round two, I'll primp, but won't be late. __ Be - cause

round three's when we kiss in - side his car. Won't

go all the way, but I'll go pret - ty far. __ Then,

round four, he'll ask me __ for my hand. And then,

round five, ha, we'll book the wed - ding band. __ So by

round six, Am - ber, much to your sur - prise, __ this

heav - y - weight cham - pi - on takes the prize. And

Chorus

I can ___ hear the bells, my ears are ring - ing.

I can ___ hear the bells, the brides - maids are sing - ing.

Ev - 'ry - bod - y says ___ that a guy ___ who's such a gem

won't look my way. Well, the laugh's on ___ them. 'Cause

I can ___ hear the bells, my fa - ther will smi - le.

I can ___ hear the bells, as he walks me down ___ the ais - le. My

moth - er starts to cry, ___ but I can't see, 'cause Link and I are French

kiss - in'. Lis - ten! I can hear ___

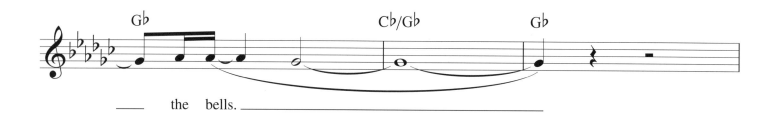

_____ the bells. _____

Chorus

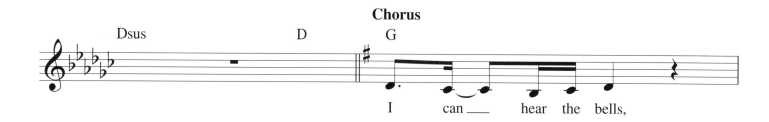

I can _____ hear the bells,

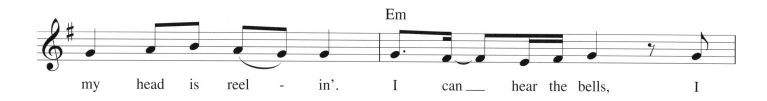

my head is reel - in'. I can _____ hear the bells, I

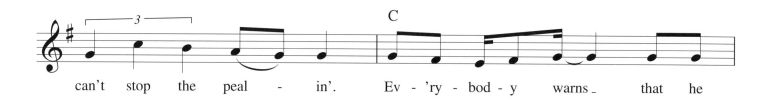

can't stop the peal - in'. Ev - 'ry - bod - y warns _ that he

won't like what he'll see, but I know that he'll look in -

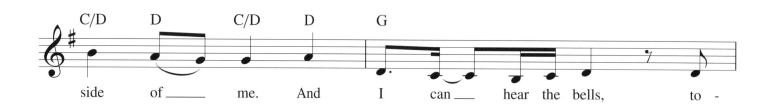

side of _____ me. And I can _____ hear the bells, to -

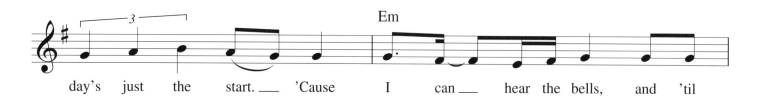

day's just the start. _____ 'Cause I can _____ hear the bells, and 'til

death do us part. ___ And e - ven when we die, ___ we'll look

down from up a - bove, _ re - mem - ber - ing ___ the night ___ that we

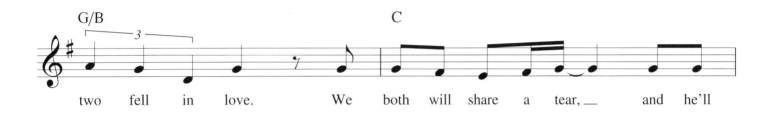

two fell in love. We both will share a tear, ___ and he'll

whis - per, as we're rem - i - nisc - in'.

Outro

Lis - ten! I can hear _____ the bells. _____

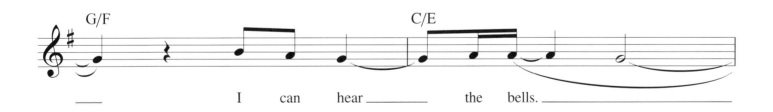

___ I can hear _____ the bells. _____

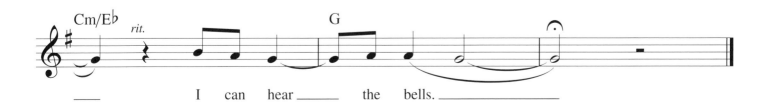

___ I can hear ____ the bells. _____

Good Morning Baltimore

Music by Marc Shaiman
Lyrics by Marc Shaiman and Scott Wittman

Intro
Medium 60's Pop

Verse

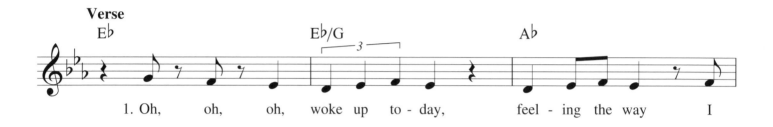

1. Oh, oh, oh, woke up to-day, feel-ing the way I

al - ways do. Oh, oh, oh, hun-gry for some-thing that

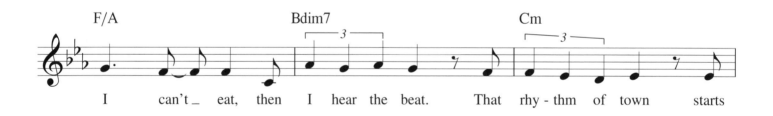

I can't _ eat, then I hear the beat. That rhy-thm of town starts

calm-ing me down. It's like a mes-sage from

high a-bove. Oh, oh, oh, pull-ing me out, to the

smiles and the streets that I love. Good morn-ing

Chorus

Bal - ti - more. Ev - 'ry day's like an o - pen ___ door.

Ev - 'ry night is a fan - ta - sy, ev - 'ry sound like a

sym - pho - ny. Good morn-ing Bal - ti - more,

and some - day when I take to the floor, the

world's gon - na wake up and ___ see

Bal - ti - more and ___ me.

Verse

2. Oh, oh, oh, look at my hair. What 'do can com - pare with

I start to dance, I'm a mov - ie ___ star. Oh, oh, oh,

some - thing in - side of me makes me move when

I hear the groove. My ma tells me no, but my

feet tell me, "Go!" It's like a drum - mer in -

side my ___ heart. ___ Oh, oh, oh,

don't make me wait one more mo - ment for my life to

start. _____

Chorus

I love you, Bal - ti - more. Ev - 'ry day's like an

I Know Where I've Been

Music by Marc Shaiman
Lyrics by Marc Shaiman and Scott Wittman

Intro

Relaxed Gospel

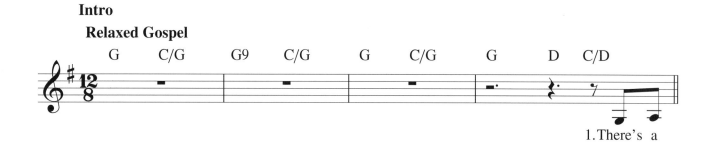

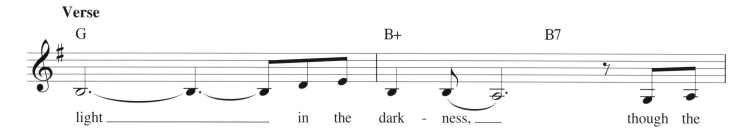

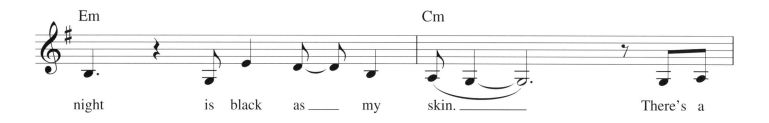

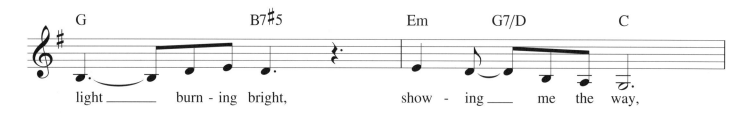

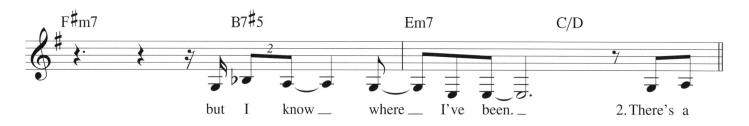

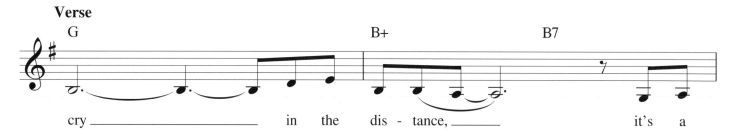

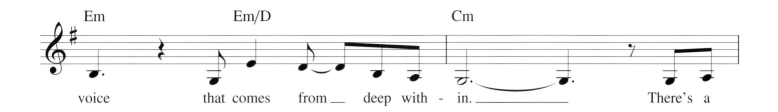

voice that comes from ___ deep with - in. _____ There's a

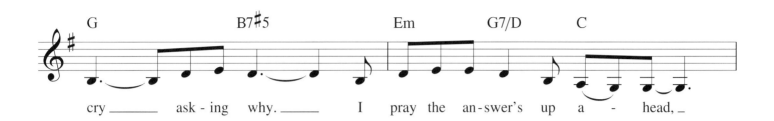

cry _____ ask - ing why. _____ I pray the an-swer's up a - head, __

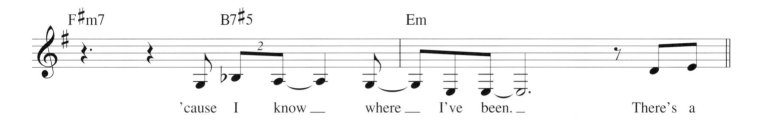

'cause I know ___ where ___ I've been. __ There's a

Bridge

road _____ we've been trav - el - in', _____ lost so

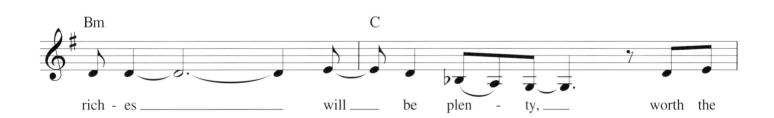

man - y _____ on _____ the way. __ But the

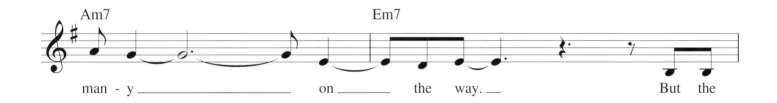

rich - es _____ will ___ be plen - ty, ___ worth the

price, the price we had to pay. _____ 3. There's a

Verse

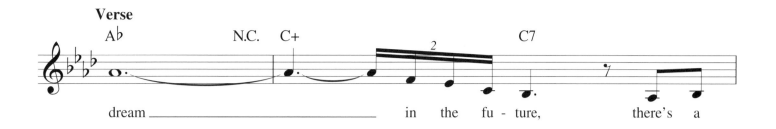

dream _____ in the fu - ture, there's a

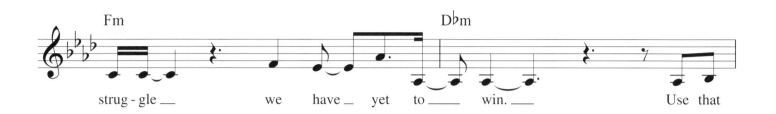

strug - gle ___ we have ___ yet to ___ win. ___ Use that

pride in our hearts to lift us to to - mor - row, ___

'cause just to sit still ___ would be a sin. _____

Lord knows, I know ___ where I've been. _____

Outro

___ No! I give thanks to my God, 'cause I know where I've

been. _____

Mama, I'm a Big Girl Now

Music by Marc Shaiman
Lyrics by Marc Shaiman and Scott Wittman

Intro

Freely

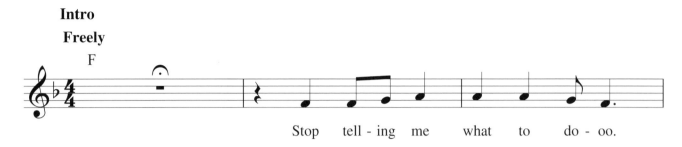

Stop tell-ing me what to do - oo.

Don't treat me like a child of two - oo. I know that you

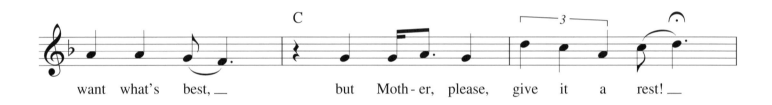

want what's best, __ but Moth-er, please, give it a rest! __

Chorus

Bouncy 60's Shuffle

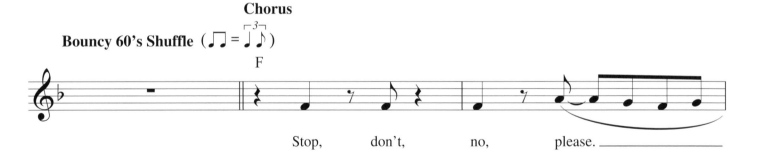

Stop, don't, no, please. __

__ Stop, don't, no, please. __ Stop, don't,

no, please. __ Ma-ma, I'm a big girl now.

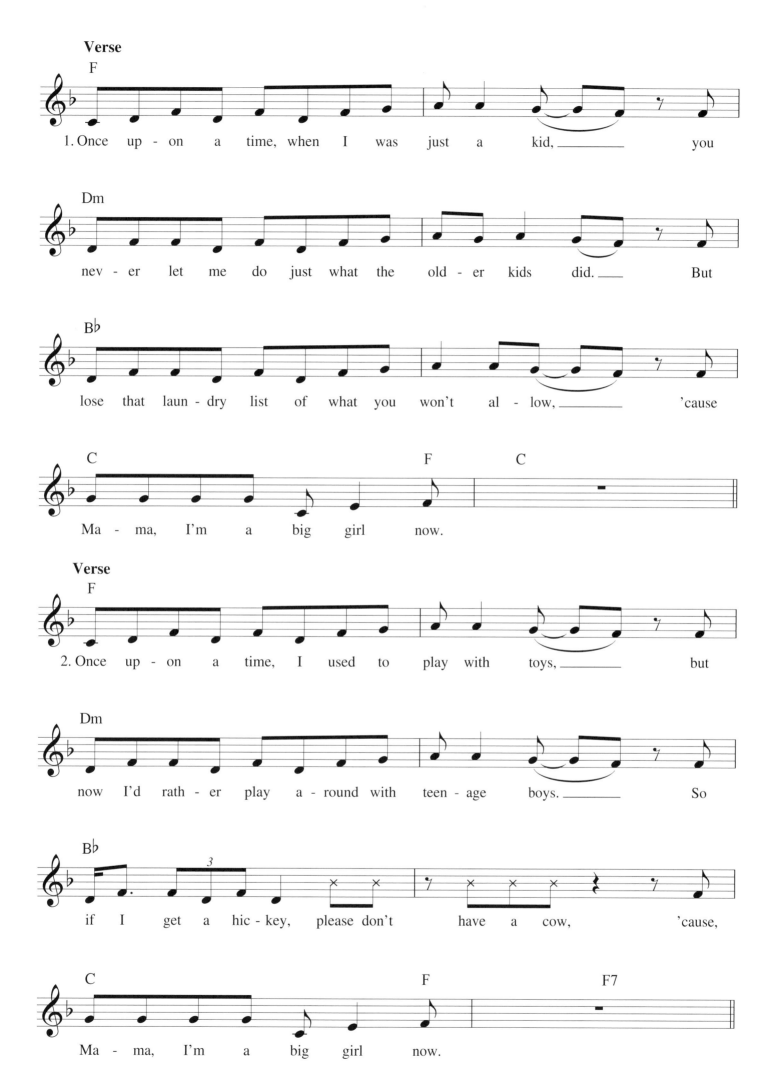

Verse

F

1. Once up - on a time, when I was just a kid, _____ you

Dm

nev - er let me do just what the old - er kids did. ____ But

B♭

lose that laun - dry list of what you won't al - low, _____ 'cause

C   F   C

Ma - ma, I'm a big girl now.

Verse

F

2. Once up - on a time, I used to play with toys, _____ but

Dm

now I'd rath - er play a - round with teen - age boys. _____ So

B♭

if I get a hic - key, please don't have a cow, 'cause,

C   F   F7

Ma - ma, I'm a big girl now.

Bridge

Ma, I got - ta tell you that with - out a doubt, I got my

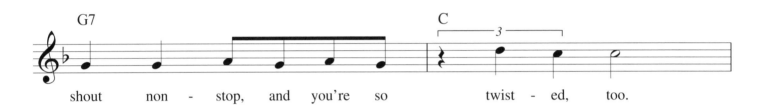

best danc - ing les - sons from you - oo. _____

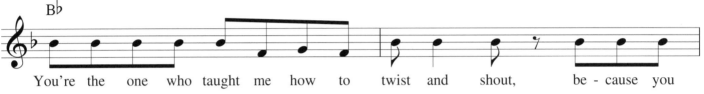

You're the one who taught me how to twist and shout, be - cause you

shout non - stop, and you're so twist - ed, too.

Verse

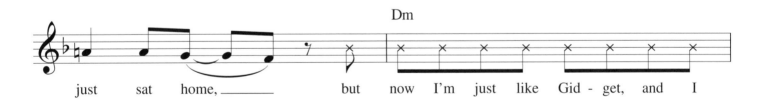

Wo - oh - oh - oh - oh. 3. Once I used to fid - get, 'cause I

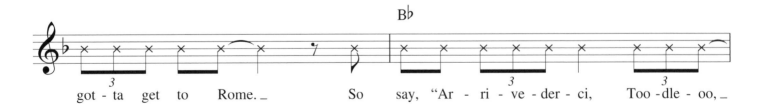

just sat home, _____ but now I'm just like Gid - get, and I

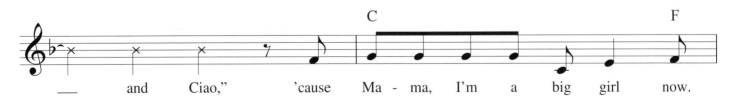

got - ta get to Rome. _ So say, "Ar - ri - ve - der - ci, Too - dle - oo, _

_ and Ciao," 'cause Ma - ma, I'm a big girl now.

Chorus

Db7   Gb

Oh, _____ stop, don't no, please. _____

Ebm   Cb

_____ Stop, don't, no, please. _____ Stop, don't,

Db   Gb Db

no, please. _____ Ma - ma, I'm a big girl now.

Verse

Gb

4. Once up - on a time, I was a shy young thing. _____ Could

Ebm

bare - ly walk and talk, so I'd just dance and sing. _____ But

Cb

let me hit that stage, I wan - na take my bow, _____ 'cause

Db   Gb Db

Ma - ma, I'm a big girl now. Woh - oh - oh - oh - oh,

Verse

Gb

5. Once up - on a time, I used to dress up Ken, _____ but

now that I'm a wom-an, I like big-ger men. ___ And

I don't need a Bar-bie doll to show me how, _____ 'cause

Bridge

Ma-ma, I'm a big girl now. Ma, you al-ways taught me what was

right from wrong, _ and now I just wan-na give it a try -

- y. _____ Ma - ma, I've been in the nest for

far too long, ___ so please give a push and, Ma - ma,

watch me fly, _____ watch me fly. _____

Verse

___ 6. One day, I will meet a man_ you won't con-demn, ___ and

You Can't Stop the Beat

Music by Marc Shaiman
Lyrics by Marc Shaiman and Scott Wittman

Intro
Bright 60's Dance groove

1. You __

Verse

__ can't stop the av - a - lanche __ as it rac - es down the hill. __

__ You can try __ to stop the sea - sons, girl, __ but you know __

__ you nev - er will. __ And you can try to stop __ my danc -

- in' feet, __ but I just __ can - not __ stand still. __

Pre-Chorus

'Cause the world ___ keeps spin - nin' round ___ and round, and my heart's ___

___ keep - in' time ___ to the speed ___ of sound. I was lost ___

___ 'til I heard ___ the drums, _____ then I _____ found my

way. _____ 'Cause you can't stop the beat.

Chorus

Ev - er since this whole world be - gan, a wom - an

found out if she shook it, she could shake up a man. And so I'm

gon - na shake and shim - my it the best that I can ___ to - day. ___

_____ 'Cause you can't stop the mo -

-tion of the o - cean, or the sun in the sky. ___ You can won-

-der if you wan - na, but I nev - er ask why. If you

try to hold me down, I'm gon - na spit in your eye, ___ and say ___

___ that you can't stop the beat. ___

What do you have to say, Penny?

Verse (Penny)

Chorus (Penny)

Verse (Edna)

Pre-Chorus

TRACY (Backup):

Keeps spin - nin' round __ and round. __ Keep-in' time __ to the speed __

__ of sound. __ 'Til I heard __ the drums, __ and I found __ my way. __

Chorus

__ 'Cause you can't stop the beat. Ev - er since this whole

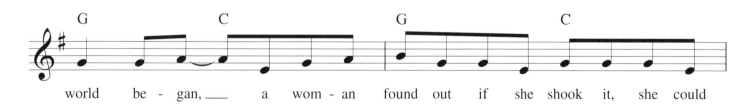

world be - gan, __ a wom - an found out if she shook it, she could

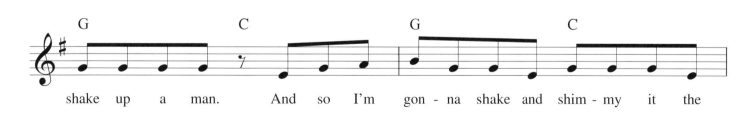

shake up a man. And so I'm gon - na shake and shim - my it the

best that I can __ to - day. __ 'Cause

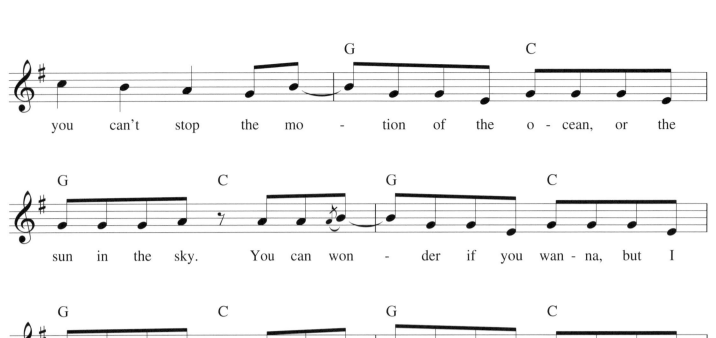

you can't stop the mo - tion of the o - cean, or the

sun in the sky. You can won - der if you wan - na, but I

nev - er ask why. And if you try to hold me down, I'm gon - na

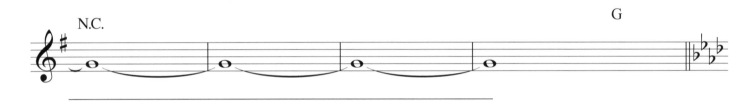

spit in your eye, __ and say ____ that you can't stop the beat. __

N.C.

G

MOTORMOUTH

A♭7

Step aside, Miss Buttercup. It's time to wrap this mutha' up!   4. Oh, oh, __ oh, you __

Verse

__ can't stop to - day, __ as it comes speed - ing down __ the track. __

__ Child, yes - ter - day __ is his - t'ry, and it's nev -

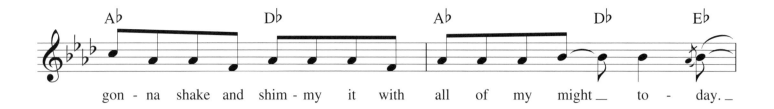

gon - na shake and shim - my it with all of my might ___ to - day. ___

_____ You can't stop the mo -

- tion of the o - cean, or the rain from a - bove. They can try ___

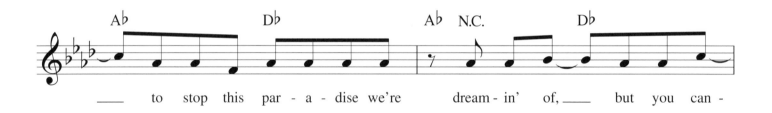

___ to stop this par - a - dise we're dream - in' of, ___ but you can -

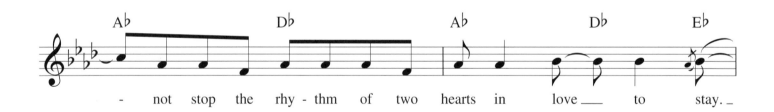

- not stop the rhy - thm of two hearts in love ___ to stay. ___

Bridge

_____ You can't stop the beat. _____

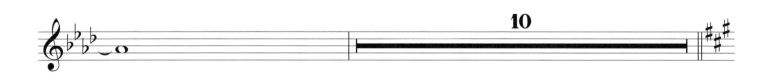

___ gon -

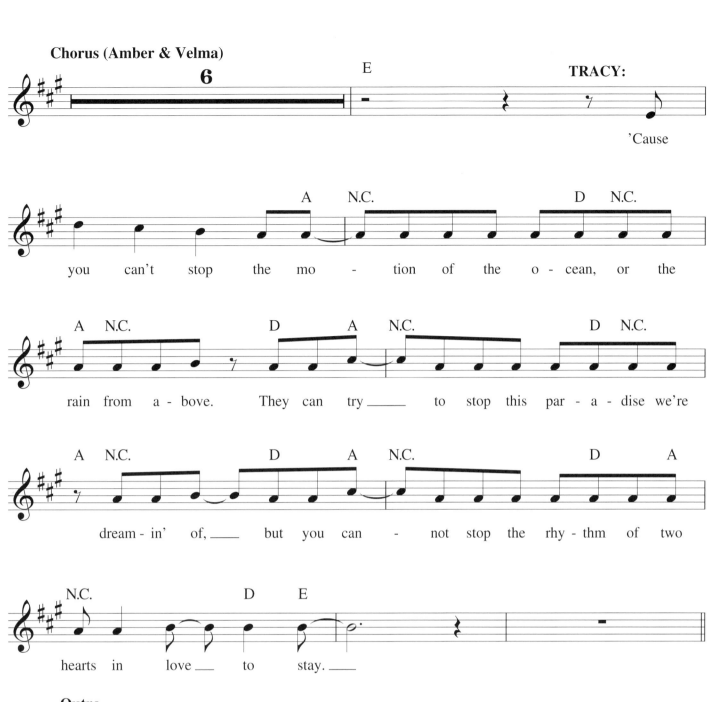

Chorus (Amber & Velma)

6   E   **TRACY:**

'Cause

A N.C.   D N.C.

you can't stop the mo - tion of the o - cean, or the

A N.C.   D A N.C.   D N.C.

rain from a - bove. They can try ___ to stop this par - a - dise we're

A N.C.   D A N.C.   D A

dream - in' of, ___ but you can - not stop the rhy - thm of two

N.C.   D E

hearts in love ___ to stay. ___

Outro

F#m   D

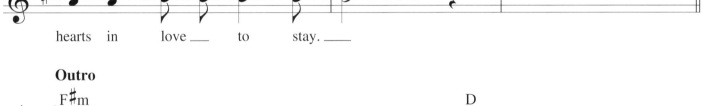

You can't stop the beat, ___   you can't stop the beat, ___

A N.C.

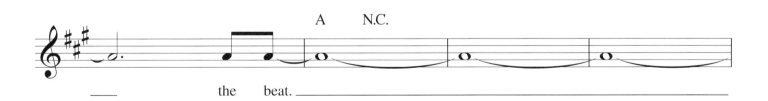

___   the beat. _____

G A   **4**

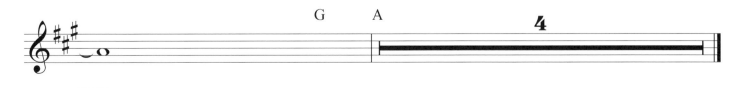

___

Welcome to the 60's

Music by Marc Shaiman
Lyrics by Marc Shaiman and Scott Wittman

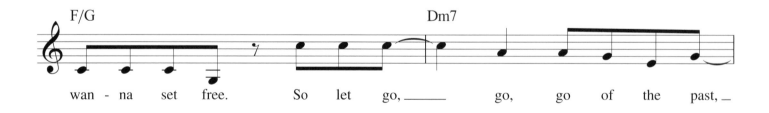

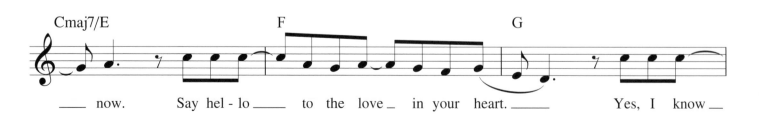

So let go, ____ go, go of the past, ____ now. Say hel - lo ____ to the light ____ in your eyes. ____

____ Yes, I know ____ that the world's __ spin - nin' fast ____ now, but ____ you got - ta run the race to win the prize.

Chorus

Hey, Ma - ma, wel - come to the six - ties, oh, oh, oh, oh oh. ____

Oh, ____ Ma - ma, wel - come to the six - ties, oh,

oh, oh, oh, oh. ____ Go, ____ Ma - ma, go, go, go!

Interlude

Ha, ha, ha.

Bridge

Take your old - fash-ioned fears, __ and just

throw them a - way. __   You should add some col - or and a

fresh new __ 'do. __

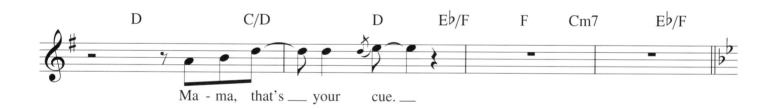

Ma - ma, that's __ your cue. __

Verse (Edna)

Chorus (Edna)